LA OTRA

VERDAD

**Narcotráfico.Violencia.Venga
nzasNegocios.Operadores
judiciales. Mercenarios en la
prensa. La trastienda de la
lucha por el poder.**

En este libro me centro en contar la otra verdad. La que mayoría de los medios de comunicación no se animan a publicar, por diversas razones que en el libro explico. También analizo las fuertes peleas políticas entre los principales políticos y funcionarios del Poder Judicial y la lucha de poder que se esconde detrás de los grandes enunciados de transparencia, ética y espíritu republicano.

Conté con la colaboración de varios colegas. Sin ánimos de olvidarme de ninguno, quiero resaltar la ayuda que me brindaron colegas y amigos, aún cuando no coincidan del todo con mis planteos, como en el caso del periodista Lucas Carrasco, quien me ayudó en la escritura de este libro, del poeta Joakito, quien además de la edición me ayudó de manera invalorable con datos concretos sobre la política cultural de los últimos años y al sociólogo Osvaldo Quinteros por revisar mis tesis y polemizar, lo que me ayudó a mejorarlas.

Desde ya, todo error me corresponde exclusivamente a mí.

Éste libro es el primero de una saga que pretende profundizar en los acontecimientos, yqe que muchos aún no solo no tienen desenlace coyuntural, sino que sus efectos políticos serán de largo plazo.

A mi familia y amigos.

Gerardo Pressman, Enero 2019 Gerardopressman@gmail.com

PRIMERA

PARTE

I

Liderar no es conducir

En Entre Ríos, las dos principales fuerzas políticas pasan por el mismo proceso: el que conduce (desde el Estado) no es el que lidera. Rogelio Frigerio y la UCR. Urribarri y Bordet.

Esta situación puede cambiar con las próximas elecciones. Las que trataremos de analizar a la luz de la intensa complejidad que acarrean, por sus vinculaciones judiciales, económicas y sociales. Pero antes que nada, hay que comprender la diferencia entre liderazgo y conducción.

El poder se puede manejar con los resortes estatales. No hacen falta ni el carisma, ni la visión estratégica ni los votos. Hay muchos ejemplos históricos y mucha bibliografía de la Ciencia Política al respecto.

El liderazgo en cambio se puede ejercer desde el llano, con o sin las palancas del Estado, incluso representando una minoría. Ahí está la clave: "representando".

Liderar es "representar" pero también conducir, señalar un norte estratégico al que arribar desde una visión compartida.

En Entre Ríos, el poder provincial lo tiene Gustavo Bordet pero el liderazgo Sergio Urribarri. Esta situación no es inmutable. Puede cambiar, tanto si Bordet gana su reelección como si no. Aunque no es en el resultado de la elección donde se dirimirá esta cuestión, las elecciones sí tendrán una fuerte incidencia.

Aún cuando Bordet haya intentado reemplazarlo en el liderazgo como en esta etapa o debilitarlo al aliarse con otro peso pesado, pero que conduce un barco a la deriva como Jorge Busti, aún Bordet no ha logrado validarse al interior del peronismo. No le ha señalado un rumbo preciso, una marca política o una gestión con un sello propio desde el cual dejar su impronta en la historia del peronismo entrerriano. Sus permanente zigzagues con el macrismo, con el bustismo, con el massismo y hasta con el urribarrismo (recordemos que durante dos años, Mauro, hijo de Urribarri, fue su Ministro de Gobierno) no dejan claro el rumbo qué pretende. Sólo que busca perpetuar su poder. Esto no es menor. Para el peronismo, como para cualquier fuerza política seria, el imán del poder es un atractivo suficiente para disimular otras carestías.

Tiene la ventaja de que Urribarri no puede volver a ser gobernador porque la Constitución provincial no se lo permite (de hecho, un comunicado de prensa de Urribarri citando una ignota "constitucionalista" diciendo que sí puede presentarse, haciendo una rara interpretación del artículo taxativo al respecto, encendió todas las alarmas del gobierno provincial, que cayeron en la trampa: no discutían si tenía el apoyo popular, sino la restricción constitucional). Y también tiene, Bordet, la doble ventaja de que Urribarri lo bancó en su intención de ser reelecto durante los primeros años de su mandato, cuando todavía estaba en juego la necesidad de que quien él impulsara a la gobernación, lograra hacerse con una identidad propia, luego de la derrota electoral del kirchnerismo a nivel nacional y en la capital entrerriana. Si Bordet hubiera fracasado en el inicio de gestión, haciendo un bochorno, esa factura la sociedad se la habría cobrado a su mentor, Urribarri. Bordet maneja el Estado. El gobierno no es malo ni bueno, es la nada misma. Tiene cosas positivas y cosas negativas, pero su característica principal, además de la ferocidad con que trata a su adversarios internos en la prensa que es siempre oficialista y la Justicia que digita, es que no tiene nada relevante ni novedoso. Los entrerrianos le dieron una paliza electoral después de que él pegara su cara en cuanto afiche hubiera en la provincia durante en el 2017, pero no están especialmente enojados con él, como si sucedía durante la gestión de Urribarri con sus opositores. Bordet quiso una lista de unidad y le respondieron armando la friolera de diez listas para las primarias. En las elecciones generales sacó menos votos que en las PASO. En ningún momento de la interna previa a las PASO, alguno de los dirigentes de las diez nueve opositoras hizo una crítica despiadada o que llamara la atención.

Inmediatamente, Urribarri propuso adelantar las elecciones del 2019 y una explicación sobre el por qué falló la estrategia de provincializar la elección. Bordet se fue de vacaciones, cambió un par de ministros - incluido el hijo de Urribarri- y cuando volvió fue para firmar lo que Macri le exigía a cambio de aumentar el endeudamiento para gastos corrientes. El endeudamiento en el exterior requiere de la probación del gobierno nacional, quien por cierto, a los pocos meses desató una brutal devaluación sin consensuar con los gobernadores a quienes incentivaba a profundizar el negocio financiero de la deuda externa. Bordet finalmente adelantó las elecciones y Urribarri denunció un pacto del gobernador con Frigerio, el Ministro del Interior y Obras Públicas de la Nación, para facilitar la reelección de Macri. Antes de esto, la ley que habilitaba al gobernador a desdoblar las elecciones y provincializarlas, fue acompañado por todo el bloque de Cambiemos en diputados y la mayoría justicialista, incluidos los que se habían cambiado de bloque, pasando de ser opositores -en la lista sábana de Sergio Massa- al oficialismo. La única excepción fueron los diputados Pedro Báez, mano derecha de Urribarri y Gustavo Guzmán, mano derecha del diputado nacional Julio Solanas, cercano al kirchnerismo.

Guzmán, además, preside la Departamental Paraná del Partido Justicialista y abrió las puertas del partido, durante la interna del 2017, para que todas las listas se expresaran en igualdad de condiciones ante los militantes.

En Cambiemos, la fuerza que se prepara seriamente para gobernar la provincia por primera vez luego de la catastrófica gestión de Sergio Montiel, la conducción la ejerce Rogelio Frigerio, Ministro del Interior y Obras Públicas, nacido en Entre Ríos pero ex presidente del Banco Ciudad con Macri como alcalde y antes, trabajó en la consultora cercana al kirchnerismo

Economía y Regiones. Frigerio quiso también una lista unificada. Le respondieron armando tres listas. Cambiemos ganó en toda la provincia menos en Villa Paranacito, una pequeñísima localidad donde tiene los emprendimientos comerciales Frigerio junto a un socio al que hizo diputado provincial por esos méritos. La UCR fue la que lideró la campaña. Las tres boletas estuvieron encabezadas por dirigentes radicales. Resultó vencedora, por amplio margen, la del entonces integrante del directorio del Banco Nación, el actual diputado nacional Atilio Benedetti, que ya había vencido al peronismo en el año 2009. Bendetti fue candidato a gobernador en 2011, ampliamente derrotado, al igual que Busti aliado a De Ángelli y el PRO, por Sergio Urribarri, que cosechó la friolera del 58% de los votos (el más alto porcentaje de votos a gobernador desde el retorno de la democracia). Las elecciones fueron unificadas con las nacionales. Dos años después, Urribarri era de los pocos kirchneristas que salvaron la ropa ganando las elecciones intermedias.

Benedetti estuvo a punto de ser candidato a gobernador en el 2015, año en que por primera vez en un siglo -obviando las dictaduras militares- la UCR no presentó candidato a gobernador ni vice, lo cual posibilitó la elección de Border con el menor porcentaje electoral de un candidato peronista vencedor a la gobernación, en toda la historia del peronismo entrerriano.

Atillio Benedetti, de Gualeguaychú, ganó por paliza

en su departamento, de donde también eran oriundos los rivales y ex intendentes de la cabecera departamental, Juan José Bahilo y Emilio Martínez Garbino, por una tercera fuerza que significó prácticamente el fin de su carrera política luego de pasar por casi todos, sino todos, los partidos políticos reclamando a los demás políticos "coherencia". Sergio Varisco, de la UCR, fue un claro ganador en Paraná. Y en las caminatas por los barrios se sentía el peso de su liderazgo. Semanas antes, el Juez Federal Leandro Ríos le quitaba la posibilidad de un lugar expectante y de alto perfil para el sector de Varisco en las listas de diputados nacionales de Cambiemos, al acusarlo de narcotraficante y financiar su campaña con el narcotráfico. Luego, por primera vez en la historia, un Juez modificaba la voluntad popular y otorgaba mayoría al peronismo en el municipio de la capital provincial, al encarcelar en las inhumanas cárceles entrerrianas a un concejal sin juicio previo. Ninguna organización corporativa de la Justicia alzó la voz ante esta situación. Pablo Hernández, el joven concejal de la UCR, permanece preso sin condena al momento de escribir este ensayo. Varisco fue procesado y ahí se cayeron sus aspiraciones de pelear por la gobernación entrerriana. Para colmo de males, tuvo una delicada operación quirúrgica, y su viceintendenta, Josefina Etienot, lanzó desde el inicio de la gestión una serie de ataques que buscaban ganar más poder para ella y los familiares que acomodó en el Concejo Deliberante. El operativo de la dirigente del PRO se fue diluyendo por su incoherencia y mala imagen.

A todo esto hay que sumarle que la marca Cambiemos fue tan exitosa que ganó Concordia sin tener candidatos. Ganó por primera vez en la ciudad y el departamento Concordia. Nunca en la historia había ganado otra fuerza política que no fuera el peronismo. La Alianza ganó el departamento Concordia en 1997 pero no la ciudad cabecera departamental. Cambiemos lo logró.

La billetera y la totalidad de las palancas del gobierno nacional y parte del provincial (dado que Bordet le respondía) las tenía

Rogelio Frigerio, gracias al cargo. El liderazgo de Cambiemos, lo tiene la UCR y al interior de esta formación, que se caracteriza por su organicidad, el liderazgo es territorial y está bastante repartido.

En estos momentos, la situación cambió también al interior de Cambiemos. Macri dispuso que el Jefe de Gabinete, Marcos Peña, acérrimo enemigo de Frigerio, se encargara de las obras públicas que quedaron en pie luego del colapso económico que quebró la cadena de pagos con la cuarta inflación más alta del mundo (solo superada por Sudán, que está en guerra civil al igual que Siria y por la dictadura militar de Venezuela), eliminó el crédito a través de las tasas de interés más altas del mundo, y puso bajo un manto de sospecha a toda la Patria Contratista de la obra pública en el afán persecutorio contra Cristina Kirchner, en manos del impresentable juez Bonadío.

Liderar no es siempre conducir y conducir no es siempre

liderar.

La gran pregunta es si en 2019 se alinearán los planetas y tendremos en la provincia un gobernador que lidere y conduzca, como ha sucedido siempre desde el retorno de la democracia, con la excepción de Mario Moine y de Gustavo Bordet.

La desdichada reaparición de Mario Moine en un lugar central durante el primer acto de campaña de Bordet, no es un buen presagio.

Moine se había retirado de la política luego de un intento fallido de volver a la intendencia de Paraná de la mano de Busti en el 2003. Perdió las internas del Partido Justicialista por paliza contra Julio Solanas.

En este marco complejo, lleno de idas y vueltas, hay que analizar que por primera vez en la historia democrática argentina, el Poder Judicial se ha inmiscuido en una guerra de poder y recursos contra el poder político democrático.

Esta guerra de poderes entre las corporaciones que vienen heredadas de la monarquía y las corporaciones emergentes de la revolución francesa, es decir, entre el Poder Judicial y los poderes democráticos encarnados en el Ejecutivo (aliado al Poder Judicial) y el Legislativo (que solo se salva de que les armen causas judiciales si apoyan al Ejecutivo) es una réplica caricaturesca de lo que sucede en la Nación, con la obvia diferencia de que los poderosos en Entre Ríos no son investigados ni molestados. Faltaba más.

II

¿Una lección para el peronismo?

En Entre Ríos prácticamente no se debate lo que sucede en el peronismo bonaerense. El cual es el principal bastión del peronismo a nivel nacional. El que marca la tendencia a la cual luego el resto de los peronismos se inclina. Nadie puede ganar la presidencia del país sin una base clara en la provincia que dio origen y sustento al peronismo a lo largo de las décadas, desde su nacimiento en el siglo pasado. Por lo tanto, y más allá de los particularismos tanto provinciales como locales, incluso dentro de la provincia bonaerense (no es lo mismo un populoso municipio del conurbano que una localidad rural en la Pampa Húmeda de esa misma provincia) lo que suceda en el peronismo bonaerense anticipa las oleadas nacionales. O cuanto menos, las condiciona. De esta manera, es que desde Entre Ríos, seguir el proceso del peronismo bonaerense con una óptica local es de suma importancia para el análisis político, no solo del peronismo entrerriano, sino de la política entrerriana toda.

El peronismo entrerriano siempre se inclinó para el lado bonaerense, aún cuando sus bases estuvieran en contra (como en el caso del alineamiento del PJ entrerriano con Cafiero en la única interna de la historia del peronismo para elegir presidente, contra Menem en 1989 o el caso del alineamiento del grueso de la dirigencia con Menem aún cuando las bases estaban mayormente con Rodríguez Saá en el 2002, aunque luego emerge terciando Néstor Kirchner).

Un breve resumen del PJ bonaerense y su estado actual para entender qué es lo que está pasando.

Durante el kirchnerismo, pasó por dos etapas. La primera fue la desduhaldización. Lo cual no quiere decir que se cambiaran estructuras de punteros, militantes, incluso dirigentes. Sino que cambió, en lo esencial, la jefatura y las alianzas establecidas por la dirigencia peronista bonaerense, fundamentalmente porque en el conurbano radicaba y radica la fuerza de los movimientos sociales, que a principios del kirchnerismo, eran mayoritariamente movimientos de desocupados.

Néstor Kirchner llegó a la presidencia del país gracias al PJ bonaerense, manejado por Duhalde desde que triunfó contra el entonces gobernador Antonio Cafiero en la interna presidencial donde Duhalde, entonces intendente de lomas de Zamora, hacía de dupla en la fórmula con Menem.

Una vez en la presidencia, Kirchner trató de que esa misma herramienta -el Pj bonaerense- quedara en manos suyas. Fue su primera obsesión, clave para no ser visto como "el chirolita de Duhalde". Lo logró con ayuda del entonces intendente de La Matanza, Alberto Ballestrini, el gobernador Felipe Solá y el Jefe de Gabinete del gobierno bonaerense, Florencio Randazzo. Anotemos que

Felipe Solá asumió la gobernación siendo muy débil, pues era el vicegobernador, que asumió luego de la renuncia de Ruckauf para hacerse cargo de la cancillería en tiempos del interinato presidencial de Duhalde. Por lo tanto, Felipe Solá, que ya pensaba en su reelección, necesitaba fortalecerse y eso lo llevó a aliarse con Kirchner, entre otras razones, porque en las elecciones para diputados nacionales de octubre de 2003 -las presidenciales se habían adelantado para mayo de ese año- la lista la confeccionó por completo Eduardo Duhalde, dejando afuera a la gente de Solá y del ya presidente Kirchner, quien contaba con apenas dos diputados nacionales propios en todo el Congreso de la Nación, y uno de esos diputados era su esposa, Cristina Fernández de Kirchner.

La derrota de Chiche Duhalde en 2005 en la candidatura a Senadores contra la victoriosa Cristina Kichner en el 2005, fue la derrota del Partido Justicialista contra el Frente Para la

Victoria. Coronó el lento proceso de construcción política del kirchnerismo en el territorio clave, la provincia de Buenos Aires.

Que Unidad Ciudadana no le haya ganado a Cambiemos en el 2017 creó una crisis, minimizada por dos factores: el PJ formal, de la mano de Randazzo, hizo una pésima elecciones y la persecusión judicial a Cristina Kirchner la devolvió a los primeros planos, volviéndola a hacer presidenciable, sobre todo también por el desastre económico posterior a la elección que desató Mauricio Macri.

Unidad Ciudadana sacó 37% de los votos con Cristina Kirchner en Buenos Aires en el 2017, mientras que el Partido Justicialista arañó los 5 puntos con Florencio Randazzo. Por otro lado, el ex Jefe de Gabinete de Cristina, Sergio Massa, en alianza con Margarita Stolbizer, sacó el 10%.

En el medio de todo esto pasó lo siguiente. Tanto Néstor en vida como Cristina Kirchner "congelaron el PJ", primero en manos de Ballestrini y tras el trastorno de salud que éste tuvo, quedó en manos de su entonces vicepresidente, Hugo Moyano. Que tras la muerte de Kirchner terminó renunciando.

El PJ bonaerense estuvo a punto de perder la personería y se armó, a último momento, una lista presidida por el ex intendente de La Matanza, Fernando Espinoza, quien fue a las PASO como candidato a vicegobernador de Julián Domínguez, perdiendo contra la fórmula Aníbal Fernández-Martín Sabatella (de un partido llamado distinto llamado Nuevo Encuentro). Éstos últimos ganaron las pASO y luego perdieron sorpresivamente contra la actual gobernadora, María Eugenia Vidal. Que venía de ser vicejefa del gobierno porteño y su partido, el PRO, había perdido la personería jurídica. Contaba con un solo intendente entre los más de cien municipios bonaerenses. El distrito de Vicente López, uno de los más ricos de la provincia de Buenos Aires, pegado al coqueto Barrio Belgrano de CABA, era gobernado por el primo de Mauricio Macri.

La Matanza tiene empadronados mayor cantidad de votantes que toda la provincia de Entre Ríos, para que se entienda la dimensión. Es el bastión actual del kirchnerismo, con Magario como intendenta, hija de un ex militante Montonero. Magario fue la mano derecha de Espinoza, ex intendente de esa localidad, luego de ser la mano derecha de Ballestrini.

Espinoza es diputado nacional electo por Unidad Ciudadana y ahora quería renovar el mandato como presidente del Partido Justicialista bonaerense, que vence en diciembre del 2017. No lo logró. A pesar del apoyo de Cristina Kirchner expresado en La Cámpora. Hubo una lista de "unidad" electa por los intendentes de mayor peso, poniendo una dupla que no tuviera peso propio ni aspiraciones a la gobernación.

Espinoza tenía el aval de Cristina Kirchner luego de que ésta tratara de que su hijo Máximo fuera el Presidente del Partido Justicialista bonaerense o, en su defecto, si la propuesta no prosperaba, fuera Jorge Taiana, quien la acompañó en la fórmula para Senadores y quedó afuera del Senado por perder contra Cambiemos. La eventual presidencia del PJ bonaerense de Taiana haría que queden contenidos el Movimiento Evita, que junto a tres intendentes fue el soporte de la raquítica candidatura de Florencio Randazzo a Senador.

Caído Taiana, a quien solo lo apoyó el intendente ultraK de Avellaneda, Jorge Ferraressi, vicepresidente (y financista) del Instituto Patria, el kirchnerismo vio a Espinoza como el mal menor. Espinoza había conseguido que la inmensa mayoría de los intendentes peronistas se vayan del PJ y apoyen a Unidad Ciudadana.

De alguna manera le devolvían ese favor.

Los malos resultados y ciertas revueltas hicieron que los intendentes no quisieran apoyar a Espinoza, para llevarle la contra a Cristina Kirchner. La situación varió luego, alineándose los intendentes nuevamente con Cristina, pero ya en otros términos y en el marco de otras relaciones de fuerza. Ya no había un liderazgo indiscutible, como en tiempo donde Cristina era "La Jefa".

Los intendentes hicieron las clásicas maniobras de vaciar reuniones, armar otra lista y plantarse de cara a las internas. Fernando Espinoza, junto a Máximo Kirchner, primero ordenaron bajar esa lista alternativa. Como esas órdenes no fueron tomadas en cuenta, anunciaron que pelearían la interna a través del voto de los afiliados en los 135 municipios bonaerenses. Una interna partidaria luego de negarse a competir con Florencio Randazzo en una interna para senadores dentro del PJ, que quizás les hubiera hecho ganarle las elecciones a

Cambiemos, sonaba poco convincente, pero siguieron adelante en su cruzada. Finalmente, Espinoza se bajó.

Caída la candidatura a la reelección de la presidencia del Partido Justicialista de Buenos Aires de quien fuera chofer de Bellestrini, concejal y alfil, luego Intendente de La Matanza y candidato a vicegobernador en las PASO con Julián Domínguez, Fernando Espinoza, la crisis partidaria estaba abierta.

El intendente de Merlo, Gustavo Menéndez, sería el presidente del Partido Justicialista de la provincia de Buenos Aires y el intendente de Esteban Echeverría, Fernando Gray, será el vicepresidente. Al próximo año, intercambiarían los cargos como hace la izquierda con las bancas parlamentarias rotativas y por eso nunca logra instalar del todo un candidato. Muestra la debilidad del armado que se puso enfrente de Espinoza. O mejor dicho, de Cristina Kirchner. Que a su vez, vio debilitada su posición al tratar de imponer primero a Máximo y luego a Espinoza. El resultado es una debilidad estructural del partido justicialista bonaerense, que implica que cada intendente se preocupe básicamente por su reelección y dominar su distrito. Por supuesto, esta fragmentación y debilidad, era funcional a Cambiemos y especialmente a la gobernadora Vidal, que con minoría en ambas cámaras legislativas provinciales, negociaba con los legisladores del Frente Renovador de Massa, a cambio de cargos y prebendas, las leyes necesarias para su gobierno. Luego, viró y pactó con el kirchnerismo, debilitando a Massa y obligando a éste a recostarse en el kirchnerismo y aceptar su conducción en el armado opositor.

La secretaría general del partido fue reclamada por los intendentes del llamado "interior" que es todo lo que está después del conurbano y será para el jefe comunal de La Costa, Juan Pablo De Jesús, el encargado de comandarla.

Tanto Menéndez como Gray y De Jesús se fueron del Partido Justicialista para apoyar a Unidad Ciudadana. Vale remarcar ésto porque el problema no es ideológico ni doctrinario.

Ésta lista contó con el apoyo de Pablo Moyano, que estaba cercano a Massa, del intendente de Tigre Julio Zamora, que respondía también a Massa en el distrito de donde éste es oriundo y del ex gobernador Felipe Solá, que también fue parte de la alianza con Stolbizer. Además de los tres intendentes que se quedaron en el PJ y perdieron contra Unidad Ciudadana y Cambiemos sosteniendo la candidatura de Florencio Randazzo.

Es un conglomerado de unidad bastante extenso pero también un ejemplo de lo que pasa en Entre Ríos: liderazgo sin conducción, conducción sin liderazgo.¿Por qué se bajó Espinoza?

Casi todos los analistas hablan de que es prácticamente imposible conseguir dinero para hacer una campaña en un territorio tan extenso, que dirima cuestiones que no le interesan a la mayoría de la gente tal como es la elección de autoridades partidarias dentro de la cultura movimientista del peronismo.

La financiación de las campañas es el punto crítico de la política. De una forma de hacer política que se ha encarecido hasta el punto que las campañas presidenciales de argentina son aún más onerosas que las campañas para ser Presidente de los Estados Unidos.

Con el peronismo en la mira selectiva de la Justicia y con Cambiemos manejando las cajas estatales que financian la política o que pueden devolver los favores de los aportes de los empresarios privados, lo cual le permite armar candidaturas del estilo de Randazzo para dividir el peronismo, la cosa se complica. He aquí una clara lección para el peronismo entrerriano dividido entre Bordet y Urribarri.

Un partido como el peronismo, hecho a partir de la provincia de Buenos Aires, que fue la provincia que protagonizó con sus militantes el 17 de octubre, la resistencia peronista, el retorno de Perón y tras el golpe militar, el armado y la orientación general del resto del peronismo, de pronto está sumido en una profunda crisis.

La manera en que esa crisis se resolvió muestra su debilidad. Una debilidad que se plasma en los acuerdos de la Legislatura bonaerense y que se termina desparramando hacia todo el país. Hasta el punto que los gobernadores peronistas atrincheran su partido alambrando la provincia, como el caso de Somos Entre Ríos, para tratar de no contagiarse de esta crisis. Según el análisis público de Urribarri en su Facebook luego de las elecciones intermedias, fue esta crisis la que hizo perder al peronismo en el 2017. No se la pudo evitar con la estrategia de provincializar la campaña. Al desdoblar las elecciones para 2019, Bordet profundiza la estrategia de provincializar la campaña.

Tampoco funcionó en 2017 ir a una interna asimétrica, con diez listas donde nueve competían con la cancha inclinada. En las PASO 2017, el peronismo entrerriano sacó más votos que en las generales. Fue el único partido entrerriano al que le pasó ésto. Ni el Movimiento Socialista de los Trabajadores ni el Partido Socialista con Martínez Garbino, ni el voto en blanco ni el impugnado sacaron menos votos que en las PASO. Y eso que, en el caso del MST como en general en la extrema izquierda, hay ciertos votantes que los ayudan en las PASO para que superen el umbral establecido por ley de 1,5% de los votos para luego competir en las generales, pero estos votantes luego no los acompañan. Ni con ese ejemplo se pudo comparar la catastrófica elección del peronismo en 2017.

Las campañas se han encarecido. Los aparatos partidarios ya no tienen la fidelidad de antaño. La política se ha vuelto profesional. Los militantes vocacionales que aportan al partido son una minoría en extinción. Hoy los militantes son rentados. La propaganda se terciariza en empresas privadas de comunicación y las doctrinas ideológicas no se deliberan en congresos partidarios sino que se toman de los "cuadros técnicos", generalmente profesionales universitarios que trabajan para cualquier gobierno o partido. Un caso patente es el del Senador Nacional por Provincia de Buenos Aires y fallido candidato a diputado nacional con Randazzo: de secretario de Chacho Álvarez en el Frente Grande a funcionario de la Alianza, luego del kirchnerismo y recientemente nombrado funcionario del gobierno de Macri. Hablamos de Juan Manuel Abal Medina.

Es solo un caso de muestra. Pero no es menor: su campaña tuvo el mismo financiamiento que muchos de los kirchneristas que están presos de la Justicia selectiva. El encarecimiento de la campaña y la Justicia selectiva son dos armas que tienen los oficialistas de turno para amañar las elecciones. se deteriora la calidad institucional y la propia democracia, con este mecanismo que está basado en la hipocresía.

Los dos senadores nacionales del Partido Justicialista de Entre Ríos, que ya habían tomado el camino de Abal Medina de apoyar al gobierno, se sumaron a la partición del bloque que propuso Miguel Pichetto para excluir a Cristina Kirchner. Son funcionales a Cambiemos. Le votan todo.

Cuando la policía de Entre Ríos encontró a tres militantes del senador Nacional Pedro guastavino con cientos de tarjetas de débito de personas a las que contrataban en el Senado y les sacaban el sueldo, la Justicia provincial metió preso a los allegados y parientes de...Urribarri. Mientras tanto, imputó a todo el mundo con la estrategia de esconder el elefante Guastavino en un bazar: llenar el bazar de elefantes.

La paradoja es que de esta manera de hacer política y aplicar la Justicia selectiva, el peronismo bonaerense se quedó sin un senador nacional que lo represente en la Cámara

(Abal Medina), aún cuando sacó un caudal de votos importantísimo la principal oposición a Cambiemos no podrá expresar sus puntos de vista en el Senado. Peor le fue a Entre Ríos: votó dos senadores K y consiguió tres senadores de Cambiemos.

Gracias a la conducción de Miguel Pichetto en el Senado, el peronismo por primera vez podría ser minoría en la Cámara Alta. Sería un récord histórico. No tanto por mérito de Cambiemos, sino por demérito de Pichetto.

En 2019 se eligen senadores nacionales por los siguientes distritos: CABA, Entre Ríos, Chaco, Salta, Neuquén, Río Negro, Santiago del Estero y Tierra de Fuego. Las elecciones serán mayormente junto a las presidenciales y las elecciones de gobernador serán mayormente desdobladas, lo que opacará esta pelea por la composición del Senado de la Nación. A la vez que arrastrará a los candidatos a la Cámara Alta que lleven candidatos taquilleros en el primer y segundo rubro más importante de la boleta: Presidente y Gobernador. en caso que los comicios vayan juntos, como se espera en CABA y Salta. Miguel Ángel Pichetto tiene que renovar su banca por Río Negro. Desde Cambiemos, buscan un acuerdo con el gobernante local Alberto Weretilneck que asumió por el Frente Grande y luego hizo un recorrido por varios partidos políticos. En el marco de ese acuerdo, Pichetto renovaría su banca para actuar como espada parlamentaria de Cambiemos, en caso de que Macri sea reelecto.

Esto se filtró luego de que Pichetto intentara instalarse como candidato presidencial del peronismo, con una serie de declaraciones racistas al estilo de la ultraderecha europea. No prosperó, dado que no mueve el amperímetro en las encuestas, a pesar de pasearse por cuanto medio de comunicación oficialista lo llame para colmarlo de elogios. Muy distinto al trato que recibía cuando era Senador Nacional y presidente de la bancada del Frente Para la Victoria.

En Río Negro hay un partido político provincial con un gobernador que arrancó en el Frente Grande y terminó en el macrismo. En Chaco ya ganó Cambiemos en 2017 y lo mismo en Entre Ríos, donde es probable que gane si no hay una hecatombe económica nacional y Bordet no convoca a una unidad en serio de diversos sectores del peronismo y sus alrededores, lo cual hoy por hoy parece imposible. Chaco y Tierra del Fuego están obligados a elegir gobernador de forma separada a las elecciones nacionales porque se los manda la Constitución.

Es altamente probable que gracias a la conducción de Miguel Pichetto y su visión estratégica errada de apostar por Randazzo y Urtubey, marginar a Cristina Kirchner y conseguir cargos para los senadores veletas como Abal Medina, flamante funcionario de Macri, logren el milagro luego de las elecciones de 2019. Que el Senado de la Nación por primera en la historia democrática no tenga mayoría peronista.

Miguel Pichetto proviene de Río Negro. Sus ambiciones para ser gobernador de su provincia nunca llegaron a buen puerto. En sus pagos, no controla el Partido Justicialista. Lo controlan Los Soria, que no son los personajes de Alberto Laiseca sino el clan sucesor del gobernador asesinado por su esposa apenas asumió. Los Soria tienen juego propio, hoy están cercanos a lo que queda del kirchnerismo.

Pichetto, por su parte, quiso ser candidato a vicepresidente de Scioli en el 2015. Fue vetado por Cristina Kirchner, que puso a Zanini. Pichetto presidió el bloque de senadores peronistas aún cuando la propia Cristina era senadora y su marido Presidente de la Nación. Antes de eso, Pichetto fue duhaldista, menemista, etc.

Apasionado y con buena oratoria, destaca por su formación política sofisticada y su habilidad para mantener el bloque cohesionado cuando así lo quiere, a pesar de los intereses en juego y las diferencias internas. Esa habilidad la permutó en los últimos meses. Los resultados de ese juego de dividir al peronismo en el Senado Nacional le dio una enorme alegría al oficialismo nacional.

Los triunfos presidenciales de la UCR en 1983, de la Alianza en 1999 y de Cambiemos en 2015, señalaron en las urnas también un contrapeso institucional: un Senado con mayoría peronista.

Lo mismo señalaron las urnas en el 2017, más allá de que las usinas corporativas de los medios hegemónicos trataran de instalar lo contrario, la oposición fue más votada que el oficialismo. Pichetto pasará a la historia como el hombre que llevó a perder la mayoría en el Senado de la Nación al peronismo por primera vez desde el retorno de la democracia.

Es lo que impulsa Pichetto, con el acompañamiento de Bordet y los dos senadores nacionales por Entre Ríos del peronismo, cuyos mandatos vencen en 2019.

Una aventura que puede lograr un récord histórico: que por primera vez, la estratégica Cámara Alta no tenga mayoría peronista. O sea, que no tenga mayoría para elegir jueces, magistrados de la Suprema Corte, del Consejo de la Magistratura, del presupuesto nacional para cada provincia, de las obras públicas estratégicas, del endeudamiento internacional, de las auditorías de los demás poderes constitucionales. Ceder tanto poder sería inimaginable hace pocos meses. Hoy, es posible y se ve en el simple hecho de que ya pasaron dos presidentes del Banco Central que no pasaron sus pliegos para el acuerdo en la Cámara Alta. No fue gracias a Federico Pinedo ni Gabriela Michetti, las débiles espadas del PRO en el Senado, sino gracias al demérito de Miguel Ángel Pichetto.

Miguel Ángel, el escultor de una derrota peronista histórica. Mientras la prensa hegemónica lo exalta como un modelo de virtud legislativa, el hombre conduce un tren averiado y sin destino.

Es tal el descalabro de la conducción de Pichetto de la

supuesta "Liga de Gobernadores" (más adelante hablaremos de ésto) que la inmensa mayoría de los gobernadores prefirieron ausentarse, en los hechos, de cualquier jugada de alcance nacional, desdoblando los comicios provinciales. Tres años de conducción para concluir en la total descoordinación.

En el interín, Pichetto y sus protegidos, votaron todas las leyes claves que les exigió Cambiemos.

La corresponsabilidad de estos senadores con el macrismo, va a dejar su huella en la historia por la implosión del partido que desde 1983 controló la Cámara de Senadores de la Nación. Vaya paradoja.

La interna bonaerense siempre fue definitoria para el futuro del peronismo. Es la que marcó el rumbo de todo el peronismo, ya desde el momento en que Perón desplaza a Mercante, entonces gobernador de la provincia de Buenos Aires. Junto con Mercante, son desplazados los mejores cuadros del laborismo y los dirigentes de FORJA.

El propio Perón descabezó al gobernador bonaerense (cercano a la JP) en el 73. Y ya con el retorno de la democracia en el 83, la renovación de Cafiero, Menem y Grosso, gana la "interna" abierta contra Herminio Iglesias, desplazando las vieja guardia partidaria. Fue en 1985, cuando Cafiero pierde contra la UCR pero saca casi el 30% de los votos, contra menos del 10% del PJ oficial de Herminio Iglesias.

Luego es Menem quien conquista al peronista bonaerense -con la ayuda de Duhalde, joven intendente de Lomas de Zamora- y vence a Cafiero en las únicas internas presidenciales en la historia del Partido Justicialista. Menem le ganó a todo el aparato, que estaba alineado con el gobernador bonaerense. Y le ganó al propio Cafiero en su provincia. Luego sería Duhalde, ya como gobernador bonaerense, quien derrumbaría la línea menemista hegemónica en el justicialismo al amagar hacer un plebiscito en provincia de Buenos Aires sobre la re reelección de Menem y luego, Néstor Kirchner, en el 2005, que vence junto a Felipe Solá, el gobernador bonaerense, a Duhalde, en el duelo de esposas que libraron Chiche Duhalde y Cristina Kirchner. La propia Cristina comenzaría el fin de su liderazgo indiscutido cuando su ex Jefe de Gabinete Sergio Massa la vence en provincia de Buenos Aires en 2013 y luego, tras la derrota de Scioli -en parte por la llamada "maldición bonaerense", de la que luego hablaremos- Cristina decide presentarse en territorio bonaerense para reafirmar su liderazgo en el peronismo nacional en 2017. Su derrota ante Cambiemos se lo impidió. Pero el triunfo de Cristina ante Massa, por un lado, y Randazzo con el sello del PJ, por el otro, impidió su defunción política y la del kirchnerismo como tal.

En cada paso de este proceso, el peronismo entrerriano se alineó siempre con el cacique que reinaba en territorio bonaerense. Cuando ese cacique perdía el liderazgo en la provincia que concentra el 39% de los electores nacionales, el peronismo entrerriano se alineaba con el nuevo ganador.

Historizar este proceso tiene su importancia porque hay un antes y un después de la reforma constitucional del 94, cuando se elimina el Colegio

Electoral y se empieza a elegir por voto directo al presidente, con lo cual, la provincia de Buenos Aires pasa a ser demográficamente estratégica en materia electoral para todos los partidos políticos, no solo el Justicialismo. Pero ya era estratégica para el peronismo de antes por las características del conurbano bonaerense: ahí se concentraban las fábricas que parieron el peronismo, el movimiento policlasista que unió a los trabajadores con los empresarios industriales, en contra de la alianza de los terratenientes y las oligarquías provinciales (muchas de las cuales, luego se hicieron peronistas) en alianza con las clases medias. Lo que antes representaba la UCR y hoy representa el PRO, con la UCR de furgón de cola.

También, esta breve historización, explica la actual desorientación del peronismo entrerriano. Como no está resuelta la interna bonaerense, no está resuelto con quién alinearse para el peronismo entrerriano. A grandes rasgos, un sector está con el kirchnerismo (Urribarri) y otro sector, de ex kirchneristas (Bordet), están con el rejunte de Pichetto, Bossio, Randazzo, Massa, el Lado B del macrismo en realidad. De cara a las elecciones, este peronismo autodenominado "federal" irá despegándose del neoliberalismo y el ajuste constante que predica el gobierno nacional, hoy en manos del Fondo Monetario Internacional.

El peronismo es esencialmente un fenómeno bonaerense. Pero es un movimiento nacional y por lo tanto, para garantizar que sea nacional, es que existe la llamada "maldición bonaerense". Ningún gobernador de la provincia de Buenos Aires, siendo gobernador, logró llegar a la presidencia por el voto popular, siempre que se postuló de manera inmediata. El asunto es que solo se postularon a presidente los gobernadores bonaerenses peronistas (Allende se postuló a la presidencia, pero fue gobernador gracias a la proscripción del peronismo y se postuló a la presidencia mucho después y por un nuevo partido).

Mercante, que era el sucesor natural de Perón antes de la reforma constitucional del 49 que introduce la reelección, quedó desplazado y en el olvido. Cafiero perdió la interna con Menem. Duhalde perdió las generales con De La Rúa. Scioli perdió con Macri.

La llamada "maldición bonaerense" puede ser, en realidad, un síntoma del equilibrio necesario en torno al peronismo: el rumbo lo pone el peronismo bonaerense, pero el Presidente lo ponen las provincias, cuanto más periféricas, mejor (La Rioja, Santa Cruz, ¿San Luis?).

Esa maldición, habrá que ver si es aplicable a otros partidos. En concreto: con los 65.000 millones de pesos que el peronismo macrista le dio a María Eugenia Vidal, actual gobernadora de la provincia de Buenos Aires, quizás haya alumbrado el nacimiento de un nuevo fenómeno político, en el 2019 o en el 2023: la primera gobernadora bonaerense en ser electa presidenta y la primer mujer en llegar a la presidencia sin llevar el apellido del marido.

Por ahora, son solo conjeturas. Los hechos, en cambio, hablan por sí solos. La llamada "maldición bonaerense" es, en realidad, un factor de equilibrio hacia el interior del movimiento nacional peronista. La crisis del peronismo bonaerense tras la derrota contra Vidal, generó una crisis de identidad en todo el peronismo nacional, a la par que una fragmentación y división tajante que es funcional a Cambiemos tanto para sus planes de gobierno, los cuales no sinceró en la campaña presidencial de 2015, cuanto en la posibilidad de seguir siendo competitivos de cara a las elecciones presidenciales de 2019 a pesar de que todos los indicadores económicos son malos. Incluso algunos, son un verdadero desastre.

Bordet en la provincia y Macri en el país pusieron en el centro de la escena lo que creen que es el fin de los partidos políticos. El primero, con su intento de imponer la boleta electrónica y el segundo, con la boleta única. Como es de público conocimiento, no lograron implementar ninguno de estos sistemas ni hacer modificaciones sustanciales (o modificaciones, a secas) del sistema electoral vigente, el mismo sistema electoral que los catapultó a los cargos que ocupan y quieren seguir ocupando por cuatro años más. Aunque ambos persiguen fines personales y tienen poca argumentación teórica para disfrazar sus argumentos electoralistas, más allá de que fracasaron al intentar imponer sus modelos de antipolítica en el sistema electoral, hay que tomarlos en serio por la investidura que coyunturalmente tienen pero sobre todo, porque se unen al nuevo grito de la moda de la derecha mundial. Sin embargo, se equivocan.

Antes de analizar a fondo esta cuestión, es importante notar un cambio en la derecha antiperonista argentina no enmarcada en la UCR: el PRO es hijo de la experiencia de la UCEDE y de partidos anteriores y posteriores del mismo tipo, que siempre pregonaron el voto calificado. Era la manera que encontraban para que el peronismo no sea siempre mayoría. En esencia, el modelo de voto calificado que proponían dejaba afuera a las personas humildes, a los nacionalizados, a los procesados con y sin prisión preventiva, etc. Lo que creían que estrecharía la base electoral del peronismo.

El PRO desde un principio fue distinto. Ya con Macri al frente de la alcaldía porteña se dispuso a disputar el voto de los pobres y los trabajadores, incluso el favor de los sindicalistas. En tal empresa, no le ha ido mal, más allá de que la base electoral del PRO siga siendo la clase media que históricamente votó al radicalismo y durante la década kirchnerista, hija de la implosión del gobierno del radical

Fernando De La Rúa, estuvo huérfana de representación, hasta el punto que los radicales que gobernaban provincias se hicieron kirchneristas en su totalidad.

Cuando se desató la crisis financiera de las subprime, en Estados Unidos surgieron al calor de las redes sociales y la movilización de la gente común, dos grupos exactamente antagónicos. De hecho, cada uno justificaba su identidad en relación adversarial al otro, el exacto opuesto, generando una polarización que era muy ruidosa, más allá de que las grandes mayorías se mostraban indiferentes. Finalmente, las grandes mayorías terminaron dentro de esa polarización, unos con Obama, los otros con Trump. Mientras tanto, la política de EEUU en sus grandes trazos siguió más o menos igual. Uno de esos polos antagónicos era "Ocupemos Wall Street" (Occupy Wall Street en el original en inglés) que se centró en una masiva movilización de jóvenes de clase media de todo el país en las sedes financieras de EEUU, que son las principales del mundo. Su radicalización les impidió llegar a un acuerdo con el Partido Demócrata en sus inicios, lo cual los dividió porque muchos se fueron integrando, de manera solitaria, a las filas de Barak Obama. Hoy, ese gran movimiento no existe ni dejó ningún legado ni tiene poder. Como contracara, el otro grupo, Tea Party, de evangélicos de extrema derecha (un poco parecidos a lo que fue originalmente el PRO, pero con un fuerte componente religioso) que se reunían en iglesias y foros online, hoy cuentan con 31 congresistas y son claves para que Donald Trump pueda sacar leyes a su favor. Se afiliaron al Partido Republicano y desde ahí hicieron lobby para que se impusieran sino todas, por lo menos algunas de sus prioridades. Así, movilizando sus bases al interior de un partido político, lograron imponer una agenda cavernícola que, a diferencia de las reivindicaciones de Ocupemos Wall Street, no comparte la mayoría del público estadounidense.

Este ejemplo tiene su contracara. La alianza de partidos personalistas de alquiler con que Lula logró imponer a Dilma como Presidenta del Brasil, se deshizo cuando ésta aplicó un ajuste neoliberal y pagó los costos con su destitución, votada por los partidos aliados que la habían llevado al poder, que de todas maneras giraron a la derecha. El propio Lula asumió su primer mandato con un vicepresidente que es el dueño de la Iglesia Universal del Reino de Dios y armó un partido político mercenario que es como un Tea Party a la brasileña para aliarse al PT (Partido de los Trabajadores) de Lula. La economía internacional lo acompañó; por eso y por su extraordinario liderazgo no tuvo crisis de gobernabilidad a pesar de que desde el comienzo de su mandato varios allegados suyos y altos funcionarios fueron presos por corrupción. Aunque su armado político, como se reveló después, era extremadamente frágil sin el viento de cola de la economía y sin su liderazgo personalista.

El sistema partidario hecho a la medida de un solo dirigente muestra en Brasil sus límites: sin Lula de candidato, el Partido de los Trabajadores queda reducido a cenizas. Lo mismo pasó en Venezuela, pasará en Bolivia y pasó en Ecuador.

No pasa lo mismo en Argentina porque el kirchenrismo nunca abandonó el Partido Justicialista. El mismo kirchnerismo y el mismo partido que hizo gobernador a Bordet, así como Macri jamás hubiera asumido la presidencia si no se aliaba con la UCR.

El debate sobre la boleta única o e voto electrónico da por sentado que ambos tienen buena imagen y podrían ganar solos, sin ayuda de partidos. Se equivocan. Pero además, ésto no garantizaría la gobernabilidad.

La experiencia mundial y nacional y hasta provincial demuestra lo equivocados que están.

Se están comprando espejitos de colores y a futuro, una crisis de gobernabilidad, en el caso probable de que sean reelectos (como Macri) o en el caso de que no (como todo indica hoy que le puede pasar a Bordet).

El consumo abusivo de encuestas fabricadas para el cliente junto al diario de Yrigoyen vuelve vulnerables a los gobernantes cuando están en el poder. Ahí pergeñan extravagancias para eternizarse y terminan después solos, con enormes deudas sociales y económicas que le hacen pagar al pueblo y con los mismos encuestadores y escribas del diario de Yrigoyen diciéndoles que son la peor lacra del mundo. Esta historia ya la conocemos de sobra.

Los rumores empezaron a correr como bola de nieve,

hasta que se hicieron públicos. Ninguno de los operadores políticos que rodean a los dos protagonistas que van a librar esta batalla (aunque niegan que vayan a librar esta batalla) aceptará jamás hablar en público, pero gustosos cuentan los pormenores de los aprestos para la batalla.

No es la madre de todas las batallas. Pero es lo que le importa a la dirigencia política en general y al peronismo en particular, dado que se encuentra en una situación vulnerable con miedo a perder la provincia.

La situación de Bordet es delicada. Preside un partido que no lidera, no obtiene resultados eficientes en su gestión de gobierno y el paulatino debilitamiento del gobierno nacional no lo deja bien parado al interior del peronismo por la alianza que forjó con Macri. Alianza de la que no se sabe qué gana ya no la provincia que gobierna, sino el propio gobernador. ¿Gana algo o cede tanto a cambio de nada?

Los descontentos se multiplican por lo bajo. Tratarán de no decirlo en público para no debilitar aún más la figura de Bordet, que bastante desdibujada está por méritos propios. En Cambiemos toman notas sobre esta sorda batalla interna y se proponen echar sal en las heridas. Hasta los radicales, amantes de sus propias internas, se distraen mirando desde la platea esta pelea incipiente y deseando que la sangre llegue al río, porque sienten que los beneficiaría.

La Ministra de Gobierno y Justicia Rosario Romero, que fue aliada varias veces de los partidos que hoy conforman Cambiemos, es señalada como la encargada de activar las causas judiciales contra Urribarri. Lo cierto es que los entusiastas fiscales que llevan adelante estas causas, más en los medios de comunicación que en la tarea realmente jurídica, responden a la pareja

Romero-Halle, que fue Ministro de Busti, juez y luego Secretario de Justicia de Busti, quien hoy es un firme aliado de Bordet. Los medios de comunicación que ofician de voceros de este equipo de fiscales tratan a Bordet con guantes de seda. La aplicación de una Justicia selectiva para dirimir la interna partidaria y, de paso, deslindarse del ropaje ultrakirchnerista que vistieron los fiscales y políticos hoy cercanos al macrismo, empieza a ser cada vez más evidente. ¿Les creerá la gente semejante cambio de ideología, tanto oportunismo? La experiencia indica que sí, que la gente común no suele castigar a los oportunistas y saltimbanquis de la política, en parte porque ocupan puestos altos en instituciones desprestigiadas y en parte por el desprestigio general de la política, que se retroalimenta con estos bruscos cambios de discurso, partido y doctrina.

El escenario de la batalla fue, primero, el tipo de boleta con el cual Bordet buscaría su reelección. La pomposa "reforma política" que anunció quedó reducida a su conveniencia personal al poner la fecha de las elecciones, tras un acuerdo con Cambiemos que votó en manada la ley habilitante, para luego hacerse los desentendidos y dejar a la Ministra Romero en ridículo.

Electo gracias a Urribarri con un sistema electoral que se usa desde hace varias elecciones, solo alguien que se siente débil se propondría cambiarlo en pos de ser reelecto. Para lograr cambiar el sistema de votación e imponer la boleta única, Bordet fue a ver a Rogelio Frigerio, el Ministro de Obras Públicas que visita con frecuencia la provincia, aunque de su tarea concreta como Ministro de Obras Públicas no hay nada por acá. Le pidió casi permiso para avanzar en ese sistema electoral y adelantar las elecciones. Necesitaba para ello una ley de la Legislatura seis meses antes del acto electoral. Con los entrerrianos pendientes de la suerte de la Selección en el Mundial de Rusia y los vaivenes de una economía nacional desquiciada, la ley salió.

Parecía que ya no había retorno. Aunque la línea de no retorno llegaría después, con la prisión sin condena de Juan Pablo Aguilera, cuñado del exgobernador Urribarri y de fuerte injerencia en el financiamiento de las campañas, incluidos muchos radicales y el propio Bordet. Por supuesto, los fiscales a la orden de Romero jamás quisieron indagar en este costado del financiamiento partidario. Apenas si hicieron algunas imputaciones judiciales a gente cercana a Urribarri, que enseguida se alejaron de éste y mágicamente quedó en la nada la imputación. Lo chapucera y sesgada de la "investigación" iba a quedar en evidencia y desde todos los sectores políticos empezaron a surgir voces preocupadas por el desquiciado menjunje que el Poder Ejecutivo provincial estaba haciendo sobre el Ministerio Público Fiscal. En el medio, el Poder Judicial de la provincia se desprestigiaba aún más y un cerrado sistema de medios chupamedias los trataba como príncipes, perdiendo cualquier tipo de credibilidad.

El sueño de Cambiemos es, fue y será que escale tanto la interna del partido justicialista entrerriano que el peronismo se divida. De manera de ganar con facilidad la provincia y poder mostrar un primer triunfo del año de cara a la reelección de Macri. Por ahora, el presidente del partido es Bordet, que se muestra cerrado y sectario, el vicepresidente es Urribarri, que no demuestra mayor interés en que la institución debata el rumbo político. En el medio y como Secretario General está el exvicegobernador José

Cáceres, que pasó del urribarrismo al bordetismo.

Por ahora, en ambos bandos hablan de sostener la unidad del peronismo a toda costa. Por ahora.

SEGUNDA PARTE

I

Cultura, política y persecusión

De todo lo realizado por el disciplinado ejército de fiscales de la Justicia selectiva, es curioso y llamativo el ensañamiento con Pedro Báez, a quien le chupaban las medias de manera escandalosa en los medios oficialistas y, mientras fue ministro de Cultura y Comunicación, que se sepa, no recibió ni una carta documento de este ejército de fiscales. ¿Por qué Pedro Baez, es el único ministro del urribarrismo multiprocesado?

Nadie investigó a los otros ministros. A lo sumo, para la tribuna, se citó a alguno que otro (uno solo, en realidad). Nadie los puso en tela de juicio o puso un manto de sospecha, sobre las obras realizadas, el oscuro manejo con Eskenazi y el BERSA, el endeudamiento, las finanzas, los puertos privatizados, el desembarco de el Club de la Obra Pública. El ojo se puso en la pauta publicitaria, en la abundante cartelería (cuestionando su existencia, lo cual era ridículo) y temas absolutamente menores. Con Aguilera, que tuvo un cargo menor en el gobierno, hubo un ensañamiento que hasta lo llevó a la cárcel sin juicio, algo común en Entre Ríos mucho antes de que Macri aboliera las garantías procesales a través de la llamada "Doctrina Irurzun", así como la pena de muerte -los famosos suicidados de las cárceles- rige en Entre Ríos desde antes de que Patricia Bullrrich lanzara la "doctrina Chocobar". Los ministerios de planificación, de salud, o de desarrollo social por nombrar algunos, no fueron investigados. La pregunta es por qué.

Todos los dardos apuntaron a una sola persona: el Ministro de Cultura y Comunicación, Pedro Baez. El ensañamiento fue especialmente feroz entre los medios más favorecidos con la pauta publicitaria que administraba Báez y su segundo, Gustavo Tamay. Quizás para blanquearse su pasado. O quizás por algo más profundo.

Nunca pretendieron demostrar desde el ejército de fiscales si Pedro Baez se enriqueció ilícitamente, lo que buscaron con el ataque hacia su persona es desmantelar "el relato". Emulando de esta manera al gobierno nacional de Cambiemos, lo que hicieron -y están haciendo- es un ataque al proyecto cultural impulsado durante el kirchnerismo en la provincia de Entre Ríos. Dicho proyecto cultural se puede debatir, disentir, hasta protestar y sobre todo recordar su sectarismo. Pero la saña viene de quienes se beneficiaron ampliamente y repitieron hasta la última coma de ese relato.

¿Tanto molestó su sumisión durante ocho años o es que hay un sustrato (cultural, precisamente) al que se ataca con especial saña para reemplazarlo por la cultura neoliberal del filomacrismo, que a medida que funde más y más el país, profundiza sus fantasías y su "verdad alternativa", la cual en Entre Ríos se propagandiza sin el menor cuestionamiento en la red de medios paraoficiales?

En una entrevista con Noticias Entre Ríos, Baez

declaró el orgullo que sentía por las políticas desarrolladas en materia cultural en la provincia, destacando y emocionándose por el programa de creación de orquestas infanto juveniles. Este programa aún sigue su curso. Lo mismo puede decirse de la fuerte impronta que se le dio al Instituto Provincial Audiovisual de Entre Ríos en su momento. Si bien estas políticas culturales continúan, a excepción del cine, que sobrevive sobre todo debido al impulso hecho por los propios realizadores audiovisuales, lo hacen muy a pulmón y no han crecido con la fuerza de los años anteriores. Ahora en los actos de gobierno ya no tocan las orquestas juveniles sino que lo hace la Banda de Música la Policía o peor aún, Los Palmeras. Lo cual es congruente con las fotos ridículas de Patricia Bulrrich vestida con camuflaje militar de jungla en pleno centro porteño y la política deliberada de reemplazar próceres de los billetes por animalitos.

Todas las actividades -muchísimas- llevadas adelante

por Pedro Baéz fueron puestas en cuestión o ninguneadas con la intencionalidad de desmantelar lo realizado durante la gestión de Baez: la cultura pasó a ser un fetiche comercial para atraer a los turistas. Antes de que Macri hiciera el ajuste neoliberal de eliminar los ministerios de Salud, Educación, Cultura, Comunicación y Turismo, el gobierno entrerriano ya había tomado esa medida, además de desfinanciar todos los programas de carácter progresista. Pero con especial saña hacia la cultura, a la cual ofendió y rebajó al fusionarla con Turismo, quitarle el rango de ministro y mandar a sus funcionarios a hacer una "asamblea" contra las políticas culturales de...¡Varisco! que llevaba tres meses en el cargo y hoy tiene contratados a todos estos artistas de estado.

No solo tenía un rango ministerial sino que también se intentó construir alrededor de una identidad política que rescate los valores históricos de Entre Ríos a través de actividades de gobierno que buscaban repensar el artiguismo y la Liga de los Pueblos Libres, o al maldito de la historia entrerriana: Lopez Jordán y sus montoneras. Esto se dejó de hacer, ya nadie toma en cuenta los hechos históricos y culturales entrerrianos que marcaron la identidad provincial. Los funcionarios son en su mayoría los mismos, solo cambiaron de ideología y discurso como quien cambia de camisa.

Uno puede estar a favor o en contra de estas políticas, lo que no puede es obviar las construcciones ya realizadas e intentar suplir la falta de políticas culturales con actividades que le gusten a la esposa del gobernador, y si algo caracterizó a la política cultural del urribarrismo - además de la construcción de un relato nacional y popular desde una mirada entrerriana y federal en serio, o más en serio que el unitarismo exacerbado del grupo político de Frigerio llamado "peronismo federal"- fue el desarrollar políticas culturales que generen y sostengan fuentes de trabajo, de ahí el desarrollo de muchos medios de comunicación digitales, de publicaciones y de varias radios comunitarias, que al desmantelarse la estructura construida por Baez, han sido acallados y se han perdido muchos puestos de trabajo al no poder sostenerse sin la pauta publicitaria estatal. La cual va en abundancia hacia la red de medios paraestatales, que por cierto, Báez hizo crecer en desmedro de la calidad y la sustentabilidad. Pero no es eso lo que se le critica, precisamente.

Cuando Macri asumió la presidencia y durante algún tiempo de su gestión tanto el nuevo presidente como sus funcionarios y ministros se ufanaban de la "pesada herencia recibida" y de que era necesario superar "el relato", eufemismos utilizados cada vez que echaron trabajadores del estado y desmantelaron políticas de gobierno creadas por el kirchnerismo.

En Entre Ríos, se intentó hacer lo mismo, pero concentrándose solamente en un ministerio: el de cultura y comunicación. Si bien no hubo despidos a nivel masivo como en el orden nacional. el ministerio fue rebajado a secretaria, se juntó con turismo y se puso en práctica un sistemas de dádivas y subsidios dirigidos a la elite cultural, los llamados artistas de estado. De esta manera, las salas culturales dependientes de la provincia, solo son prestadas para algunas obras y eventos, ya no se realizan simposios o tertulias de pensamiento. Fue significativo que el primer acto "cultural" de la Sala Antequeda, hecha por el gobierno de Urribarri, al asumir Bordet pasaran recién tres años para que se le diera el primer uso: el lanzamiento de la candidatura (¡no dijo a qué) del vicegobernador Adán Bahl.

La política cultural de Entre Ríos, pasó de ser ejemplo (discutible su contenido, reiteramos) a nivel nacional a ser una mera vidriera de pasistas de corsos y de vendedores de cerveza artesanal.

Esto tiene un claro correlato en la política. El Ministerio de salud es directamente un centro orweliano de propaganda que vive en un universo paralelo, los discursos del gobernador parecen guionados por Durán Barba por su ausencia de contenido y la política de mano dura queda en manos de Rosario Romero. Una clara división de tareas que se complementa con la "cultura" de las ferias: poner mesitas con propaganda oficial, revendedores de chucherías y un recital con algún grupo musical masivo y grasa de estética claramente menemista.

En la pretendida desideologización hay una ideología potente: es el clásico cuento de la derecha, que nos dice que han muerto las ideologías y que lo único que importan son sus negocios con el estado, al que discursivamente defenestran.

PARTE

TRES

I

¿Cambiemos o Zafemos?

La interna peronista se recalienta en Entre Ríos y en el país, pero la interna que seguramente tiene mayores chances de reconfigurar el futuro, es la interna al interior de Cambiemos, donde los radicales -apasionados por las internas- libran su batalla contra el PRO sin olvidarse de lo suyo: pelearse entre ellos.

En el diario más macrista, La Nación, publican una nota donde Luis Etchevehere es un potencial candidato a algo, encima a la gobernación.

Luego le rebajaron el cargo de Ministro de Secretario y no tuvo la dignidad de renunciar. Lo cual tiene lógica dadon que desde la administración de Cambiemos terminaron el plano empleo, rebajaron los salarios y volvimos al altísimo desempleo de la década del 90. Está jodido conseguir trabajo, por eso el exPresidente de la Sociedad Rural junto a innumerables familiares -a pesar del decreto contra el nepotismo firmado por Macri- no renuncia a su cargo estatal. Delirios totales los de su candidatura. Dice la nota que citábamos que Etchevehere competiría con Atilio Benedetti (lo cual sería una monumental paliza electoral para el tipo más repudiado en Entre Ríos por el vaciamiento de El Diario, aunque para congraciarse con Bordet los trabajadores le reclamaron a Pedro Báez: de todas maneras, el diario quedó en manos de presuntos testaferros del macrismo y sus ventas se desplomaron. Por lo demás, sigue igual de oficialista que antes, solo que cambió la ideología del relato) pero que ambos se bajarían si compite Rogelio Frigerio. Un allegado de los más cercanos de Benedetti le dijo a otro cronista de Noticias Entre Ríos: "para Atilio es más difícil ser candidato que ganar la gobernación", diciendo de manera elíptica que el autoritarismo de Frigerio, que hace política con la chequera y el látigo, pone por encima sus ambiciones electorales que la posibilidad de que el radicalismo recupere la provincia. De hecho, hizo el mismo destrato con Varisco, hasta que se dio cuenta que las encuestas no tomaban en serio las operaciones judiciales y de prensa en su contra.

Lo cual suena lógico: si Atillio Benedetti ya se bajó por Afredo De Ángelli, cuya preparación para la gobernación es por lo menos dudosa, perdiendo así el radicalismo la oportunidad de gobernar la provincia, obvio que se bajaría por Frigerio, ahora que maneja la billetera más grande. En 2015, por primera vez, la Centenaria UCR no presentó un candidato a gobernador ni a vicegobernador: eso explica más el escueto triunfo de Urribarri que el cachivache armado por Adrián Fuertes, que batió el récord de Borocotó al salir corriendo a sumarse al ganador.

Porque la única clave de la dinámica interna nacional de Cambiemos que incide en la dinámica provincial de Cambiemos es la billetera y el látigo, el método con el cual Rogelio Frigerio domina la política entrerriana desde una empresa pequeña que en los papeles (para no pagar impuestos, quizás) figura como partido político, contra el despliegue territorial de la UCR, sobre todo en Entre Ríos por la memoria de lo que fue una provincia rural caracterizada -a diferencia de Buenos Aires, Córdoba, Santa Fe, el norte y la Patagonia- por la amplia presencia de minifundistas, hijos de las corrientes migratorias diversas integradas de modo ejemplar a una sociedad pacífica y plural. Esas clases medias rurales siempre votaron al radicalismo. ¿Cuánto duraría Frigerio como un dirigente con relevancia provincial sin tener el cargo de Ministro de Obras Públicas e Interior (curiosa combinación, curiosa franqueza)? Poco y nada a juzgar por su altísimo desconocimiento, siendo que en toda la historia entrerriana ningún político a pagado tanta plata para promocionarse a sí mismo.

Aunque el que tiene mayores chances de ganarle a un candidato débil del peronismo como lo es Bordet es Sergio Varisco, primero debería vencer en internas a Benedetti, un reto nada fácil. De todas maneras, ya es historia contrafáctica: Varisco se bajó tras el procesamiento del Juez Electoral Leandro Ríos (no e su cargo formal, pero es el cargo real). Para la cultura radical, gobernar es siempre un prontuario en vez de un currìculum para la interna partidaria. Por si no fuera poco, Varisco luego debe tratar de que la chequera de Frigerio no lo baje como candidato a intendente. Por ahora, es sintomático que incluso en su peor momento, ningún radical se haya planteado darle la interna. Y eso que los radicales aman más las internas que el dulce de leche.

Tampoco nadie del PRO: la viceintendente, con clara vocación destituyente, tiene pésima imagen, agravada porque Varisco tuvo que volver a la semana a Paraná luego de una delicadísima operación coronaria, para que Etienot no asuma y haga desastres, como los habituales papelones del concejo deliberante. De todas maneras, la exclusiva responsabilidad de llevar en la fórmula a Etienot, es de Varisco.

Mientras tanto y buscando un lugar en las listas sábanas como ante cada elección los dirigentes de siempre lanzan rimbombantes candidaturas a gobernador que nunca piensan concretar. Rogel ya va por el récord de bajarse de candidaturas.

El mecanismo es siempre el mismo. Un par de publinotas y tres afiches alrededor de los hoteles donde paran los que tienen la lapicera, luego la capitulación en nombre de altos valores republicanos y la integración en la lista sábana, que siempre dicen repudiar. Todos los partidos tienen un Bahler o un Martínez Garbino, con la diferencia de que Martínez Garbino ya pasó por todos los partidos.

En Cambiemos la opción de hacer o no internas le compete pura y exclusivamente a Mauricio Macri. Aunque las relaciones de fuerza, luego del mal gobierno del hijo de Franco Macri, cambiaron. Y desde que las principales capitales del país, están gobernadas por radicales, además de algunas gobernaciones estratégicas. La decisión Macri la toma en función de sus propios intereses personales, los cuales casi siempre coinciden con sus intereses políticos. Desde siempre, al familia Macri ha tenido problemas para diferenciar lo público de lo privado.

Entre Ríos no es una provincia importante para Cambiemos. El suicida adelantamiento electoral y una eventual candidatura de

Frigerio (cada vez más lejana, pero no la descarta para seguir manejando Cambiemos como patrón de estancia) podría otorgarle cierta relevancia nacional y cierta influencia en otros distritos, pero sería igualmente menor.

La opaca figura de Bordet no logró cobrar vuelo a pesar de las innumerables páginas de La nación tratándolo como si fuera Teresa de Calcuta y hubiera nacido ayer.

Gobernada por un gobernador dócil, que le hace caso a todo lo que le ordenen desde el PRO a cambio de nada (de nada que sirva para la provincia) el impacto de volver a ganarle a Bordet será hacia afuera de la provincia un impacto puramente político, para decir *le arrebatamos una provincia al peronismo*. No mucho más que eso en términos estrictamente políticos. En cambio en el plano de los negocios, que para Cambiemos es prioridad, en caso de ganar Benedetti, el desembarco de Etchevehere y Frigerio a hacer negocios desde los dos lados de mostrador, puede ser tentador. pero ya lo hacen sin necesidad de pagar los costos políticos que paga Bordet, cuyo comportamiento en relación a los negocios de Frigerio, Benedetti, De Ángelli y Etchevehere, ya da verguenza ajena: les ha dado todo lo que pedían a costa de rebajar jubilaciones y sueldos, con aumentos nominales por debajo de la inflación, que es la cuarta más alta del mundo después de Siria (en Guerra), Irán (con sanciones comerciales de la ONU y librando varias batallas) y la desastroza deriva del chavismo en Venezuela, con Maduro encabezando un gobierno militar. Solo se puede sentir verguenza ajena al observar que se anuncia con bombos y platillos cada nuevo subsidio a los ricos mientras siguen las aulas vacías, los tarifazos de luz, la salud pública cayéndose a pedazos.

II

Drogas, sensacionalismo y operaciones políticas

Ir contra el sensacionalismo no parece tarea fácil. Pero es imprescindible en democracia

El intendente de Paraná, Sergio Varisco, se encuentra complicado políticamente por decisiones discutibles del juez electoral Leandro Ríos (su cargo real es Juez Penal, pero ejerce de Juez Electoral), cuya espectacularidad para dañar al intendente lo hace parecer a una especie de Bonadío local, aunque sin calidad jurídica y con mayor miedo a los poderosos de verdad, los cuales tienen la impunidad garantizada, sobre todo desde la vigencia de la ley de narcomenudeo.

Será la Justicia Federal la que tenga que decidir, tras el juicio, si hay elementos para investigarlo como miembro de una supuesta banda de narcotraficantes, esto es, si su campaña fue pagada por el narcotráfico como dijo primero el juez: luego mandó a hacer espionaje ilegal a la prensa que no publicaba de manera textual sus estrafalarias decisiones, conjeturas y desconocimiento sobre el tema drogas y sobre el crimen internacional . Pero la causa lleva más de tres años y desde algunos sectores del peronismo, particularmente los ligados a la exintendenta Blanca Osuna, lo dan ya como culpable y solicitan su renuncia. Exactamente lo que hacían los sectores más gorilas con Cristina Kirchner. Y entre esos sectores más gorilas no estaba Sergio Varisco ni su agrupación. Algunos no supieron entender este mensaje.

La acusación original derivó en un espectáculo donde el juez electoral les mandó a los medios sensacionalistas audios de un lúmpen, Tavi Celis, conocido dealers protegido por políticos peronistas que se pasó a militar con Varisco y ahí fue preso. Este lumpen le pedía contratos de 6.000 pesos (la mitad del valor vigente en el momento del Salario Mínimo Vital y Móvil) para su organización de narcos.Además de bolsones con comida para sus integrantes.

No parece un sofisticado narcotraficante que lava dinero a través de las entidades bancarias que se dedican a ese rubro y generalmente están a cargo de los bancos privatizados donde el narcotráfico es más caliente y donde jamás cae preso un narco de verdad. No alguien que pide bolsones con comida.

Reaccionar de manera histérica, dar veredictos sin que

haya aún ningún fallo, fijar la lógica fascista del escrache y tener una actitud destituyente, es lo que ha sufrido históricamente el peronismo. Comportarse en espejo, genera ruido interno.

Por otra parte, tiene razón el vicegobernador Adán Bahl -también candidato a intendente o por lo menos con ganas de serlo, aunque pocas ganas de perder- cuando dice que si el intendente fuera peronista (sobre todo, kirchnerista), los medios nacionales favorables al oficialismo habrían montado un circo igual que el que han montado en Entre Ríos los medios sensacionalistas ligados al gobierno que integra como vicegobernador. Bahl lo dijo en tono de queja, no hacia una mirada republicana y respetuosa del estado de derecho, sino como recurso de queja de que no haya un Lanata peronista. O sea que el problema, siguiendo esa lógica, no sería que Lanata haya dicho un montón de mentiras sobre cuentas en el exterior del gobierno kirchnerista sino que no las diga contra los adversarios del peronismo. Una lógica rara.

Mientras tanto, el debate político en serio, profundo y democrático, retrocede ante este espectáculo de la antipolítica histérica. No es un fenómeno que pase solo en Paraná, pasa en todo el país, en Paraná pasa a su debida escala.

Dejar actuar a la Justicia, bajar los decibeles delirantes, hablar con respeto y altura y proponer medidas contra las personas de bajos recursos afectadas por el consumo de drogas (las personas de altos recursos tienen sus medios para hacerle frente) es un camino más inteligente para que el peronismo recupere la ciudad de Paraná.m Hasta ahora, nadie se animó a recorrer ese camino. Probablemente, ya sea demasiado tarde.

Esto dicho sin quitar ninguna responsabilidad política al Intendente de Paraná por tener entre sus filas esta runfla, muchos de los cuales ya están presos. Pero de ahí a considerarlo el jefe de una banda de narcotraficantes, hay un trecho larguísimo y será la Justicia federal la que deberá probarlo.

Mientras tanto, aunque no genere mucho rating, dejar de lado el sensacionalismo me parece lo mejor. Y lo mejor para la política. Incluida la oposición.

La clave electoral está en las ciudades donde gobierna Cambiemos. Esos 32 municipios, de los cuales 8 son cabeceras departamentales, incluida la estratégica Paraná, están llenos de dirigentes peronistas abandonados por

Bordet que lanzan eventuales candidaturas a intendente con ganas de entrar en la lista de diputados. Pero quienes realmente quieren disputar por la intendencia, prefieren que vaya Macri en la boleta para centrar sus críticas en él y no en los intendentes de Cambiemos, en general, bien vistos por la gente, es decir que prefieren que no haya elecciones desdobladas. Tarde para lamentos.

Pero eso explica que estos candidatos a intendentes no

digan nada inteligente para elogiar el gobierno de Bordet, al que necesitan para financiar la campaña, y eviten cualquier crítica a Urribarri porque a su armado provincial y su figura, le suma la figura de Cristina Kirchner, que es la dirigente peronista con mayor intención de votos en el peronismo y en el espectro opositor. Paradójicamente, es la única a quien Macri podría ganarle en segunda vuelta. Por ahora. Pero para las intendencias entrerrianas así como para la gobernación, no hay segunda vuelta.

III

EL PERONISMO ENTRERRIANO EN EL CONTEXTO NACIONAL

Las chances del peronismo entrerriano de cara al contexto nacional.

"Hay un fusilado que vive" es una frase famosa de uno de los principales libros del escritor, periodista y militante montonero Rodolfo Walsh. La escribió en 1956, cuando la audotenominada "Revolución Libertadora" hizo que conservadores antiperonistas como Walsh, quien hasta entonces era un férreo opositor al peronismo, iniciaran una aventura ideológica que los pondría al frente de un autodenominado "peronismo

auténtico" que fue usado y luego despreciado por el General Perón. Sé que este escueto resumen es polémico y debatible. Pero no nos distraigamos del punto. La frase sirve como metáfora de lo que le está pasando al peronismo hoy, tantas veces dado por muerto. Muchísimos intelectuales, no solo antiperostas gorilas, sino gente sensata e incluos hasta peronistas, lo dieron por muerto. Mario Mainfeld, José Pablo Feinman, Chacho Álvarez y Carlos Grosso, firmaron una nota conjunta a mediados del gobierno de

Alfonsín, publicada en la mítica revista UNIDOS, donde daban por muerto al peronismo. No solo la Revolución Fusiladora, que hasta prohibió, bajo pena de cárcel, mencionar a Perón y Evita, soñó con el fin de lo que John William Cooke llamó "el hecho maldito del país burgués": el peronismo. Su último fusilamiento intelectual lo encabezaba el oscuro publicista Jaime Durán Barba, con sus tesis de la nueva política y la muerte de las ideologías -algo que ya había anunciado Fukuyama hace 30 años y se equivocó-.

Peronismo y Latinoamérica

Durante el ascenso de los gobiernos populares en Latinoamérica, que comenzó con el giro de Hugo Chávez, electo presidente de Venezuela en 1998, pero hacia el año 2.000 giró a la izquierda y se radicalizó hasta que el punto que fue secuestrado durante un fallido golpe de estado, reconocido solamente por Aznar, presidente conservador de España y Geroge Bush hijo, presidente ultraconservador de EEUU. El débil presidente argentino, Eduardo Duhalde, tuvo el gesto histórico de repudiar el golpe, además de reanudar relaciones diplomáticas con CUBA luego de que la Alianza las rompiera. El mérito de duhalde es mayor porque buscaba desesperadamente la asistencia del FMI, dominado por EEUU. Asistencia que le fue negada, en la peor crisis económica argentina, provocada en parte por el propio FMI.

Pero fue el ascenso de Lula al poder lo que comenzó a darle fuerza a esta oleada de gobiernos populares, que no hay que dar por concluida ya que a la elección de Macri y Bolsonaro hay que contraponerle la elección de Manuel López Obrador en México.

Lula, lideraba el Partido de los Trabajadores, que por primera vez accedía a la presidencia, igual que el novel partido de Chávez, Evo

Morales, Correa, Fernando Lugo en Paraguay (destituido con un golpe parlamentario, igual que Dilma en Brasil) o Manuel Zelaya en Honduras, que fue secuestrado en piyamas durante la noche de un golpe militar.

Los únicos ejemplos de presidentes que se sumaron a esta nueva ola y pertenecían a partidos tradicionales, fueron Daniel Ortega en Nicaragua por el Sandinismo (lo cual derivó en un gobierno militar a lo Venezuela, con lo cual el calificativo de "popular" no se aplica) y Néstor primero y Cristina Kirchner después, por el Partido Justicialista, de larga historia en la política argentina y notable influencia en Latinoamérica.

Esta excepcionalidad se explica por varios motivos, pero el principal es que Duhalde evitó las internas para que Menem no ganara la presidencia o fuera a una segunda vuelta con un candidato también de derecha como López Murphi, aliado de Macri.

Este proceso latinoamericano, los entrerrianos lo vivieron en carne propia con la Cumbre en Paraná donde participaron los principales líderes de los gobiernos populares latinoamericanos.

Bordet, en cambio, abrazó las tesis de Durán Barba y con pretendida desideologización - que es la coartada para la ideología de la derecha- presentó su partido político en 2017, llamado "Somos Entre Ríos". El nombre estúpido -por supuesto que somos entrerrianos, gracias por el dato- y vacío de contenido, no sirvió para nada, como no sirvió la estética de hacer actos al estilo Macri. Somos Entre Ríos sufrió una paliza electoral y Bordet dijo que fue culpa de la corrupción (del gobierno anterior, donde él no había nacido o bajó de un plato volador).

Las consecuencias son profundas. El peronismo autodenominado federal, se encuentra a la deriva, sin rumbo, sin proyecto nacional, sin conducción, sin contenidos y siendo funcionales a la derecha que encarna Macri, que además se da el gusto de ningunearlos cuando se le da la gana, como hace con sus funcionarios, a los que trata de súbitos. En el caso del peronismo federal, Macri puede darse estos gustos porque si alguien protesta, llama a Bonadío. Por algo, los principales opositores a Macri desde el cargo de gobernador en el peronismo, son los de La Pampa y San Luis, que durante la década K no fueron oficialistas.

El peronismo boina blanca

Durante el reinado del kirchnerismo, el radicalismo era un partido político fuerte: contaba con cinco gobernaciones y buena parte de los intendentes de capitales de provincia eran radicales. Sin embargo, no tenían un candidato nacional que reuniera el consenso de todos los sectores como pasó con Alfonsín y De La Rúa o incluso, aunque los resultados le fueron desfavorables fue porque justamente iban divididos, con Lavagna en 2007 los orgánicos, con Carrió y López Murphi (que hizo una elección marginal pero todos sus votos eran radicales) los descontentos, y Ricardo Alfonsín en 2011 con los orgánicos y con Cristina una parte y sobre todo y Hermes Binner se llevaron el voto de los radicales descontentos: o

Mauricio Macri en 2015 con el voto orgánico de la UCR y Margarita Stolbizer y en parte Sergio Massa con los descontentos. Tal y como le pasa ahora al peronismo le pasó a los radicales, si se considera como peronismo al arco variopinto que va de Cristina Kirchner a Sergio Massa, pasando por Urtubey, Bordet y llegando hasta Quebracho. Hay de todo en el "movimiento" y lo cierto es que se vuelve a discutir con seriedad la posibilidad de una unión. Lo que falta es el liderazgo aceptado por todos o por una mayoría, que pueda ejercer la conducción nacional. Mientras tanto, los gobernadores se refugian en sus terruños pero la crisis que se generó el propio gobierno de Macri los está haciendo repensar la cuestión del armado nacional. De todas maneras, el adelantamiento de las elecciones debilita esta idea y posterga, en los hechos, la reunificación del preonismo.

La gran pregunta es si los votantes harán lo que no han sabido hacer los dirigentes: reunificar al peronismo.

El caso de Entre Ríos es elocuente. Se debilitó la idea de separar las elecciones nacionales de las provinciales y aún más se debilitó la idea de realizar las elecciones provinciales en marzo, teniendo en cuenta que el impacto de la recesión va a ir golpeando mas duro a medida que pasen los meses. Sin embargo, de un día para el otro, Bordet acordó con Cambiemos y las elecciones se adelantaron para justo el mes en que todos los consultores económicos dicen que será lo peor de la estanflación, que es recesión más inflación. El peor de los escenarios.

Ya son varios los analistas independientes que descartan una reelección de Macri, porque no ganaría en primera vuelta y en un balotage la tendría difícil, excepto -hasta ahora- que compita contra Cristina Kirchner. El sentido político de desdoblar las elecciones era el miedo de los gobernadores de la derecha peronista a que Macri arrastre sus candidatos y así pierdan la gobernación. El sentido oculto de las negociaciones, lo desconozco. Aunque no hay que tener mucha imaginación para sospechar cuáles fueron las monedas de intercambio.

Si bien a mediano plazo no es viable un federalismo político con un unitarismo fiscal, y esto se termina reflejando en los partidos políticos, quienes sostienen que al peronismo le conviene ir por separado en las elecciones, así el kirchnerismo conserva el voto duro y el peronismo de los gobernadores araña votos que fueron a Cambiemos en las anteriores derrotas, lo cierto es que el panorama para Entre Ríos importa solo en la primera vuelta, que es cuando se decide quién será el próximo

gobernador y cada intendencia.
Para la presidencial, se
descuenta que el balotage es
algo que llegó para quedarse.
Lo que nadie descarta es que
si llegara a la presidencia una u
otra variante del peronismo, el
resto se unificaría
inmediatamente detrás de ese
liderazgo, pero para eso, antes
los electores deberían hacer la
tarea pendiente: depositar
masivamente los votos en un
candidato peronista, aún
cuando los candidatos sean
varios y dispersen un poco el
voto peronista. Es por eso de
que rápidamente se unifica
detrás del liderazgo y lo

convierte, además de en líder, en conductor político, que al peronismo se le atribuye el atributo de la gobernabilidad y al radicalismo, ya no. Habrá que ver qué pasa con este experimento que es Cambiemos para ver si el PRO sigue con vida y por lo tanto, el radicalismo también. Aunque el PRO no avanza sobre el electorado peronista sino sobre el electoral radical e independiente, la fragmentación del peronismo es hoy el principal activo político de Cambiemos.

Si el PRO concluye su gobierno y entrega el mando al candidato vencedor, el radicalismo habrá logrado perder el atributo de la ingobernabilidad. Eso sí, a un precio muy alto: resignando todas sus banderas históricas, bancando un gobierno que además de neoliberal es malo hasta para sus propósitos y aguantándose las humillaciones de los yuppies del PRO y las tonterías de sus intelectuales como Durán Barba, Mirtha Legrand, Alejandro Rozichner y Luis

Majul. Todos grandes pensadores.